Impressum
Verlag: BABADADA GmbH, Nedderfeld 112 , 22529 Hamburg
Geschäftsführer / Verlagsleitung: Harald Hof
Druck: Books on Demand GmbH, In de Tarpen 42, 22848 Norderstedt

Imprint
Publisher: BABADADA GmbH, Nedderfeld 112 , 22529 Hamburg, Germany
Managing Director / Publishing direction: Harald Hof
Print: Books on Demand GmbH, In de Tarpen 42, 22848 Norderstedt, Germany

škola

skole

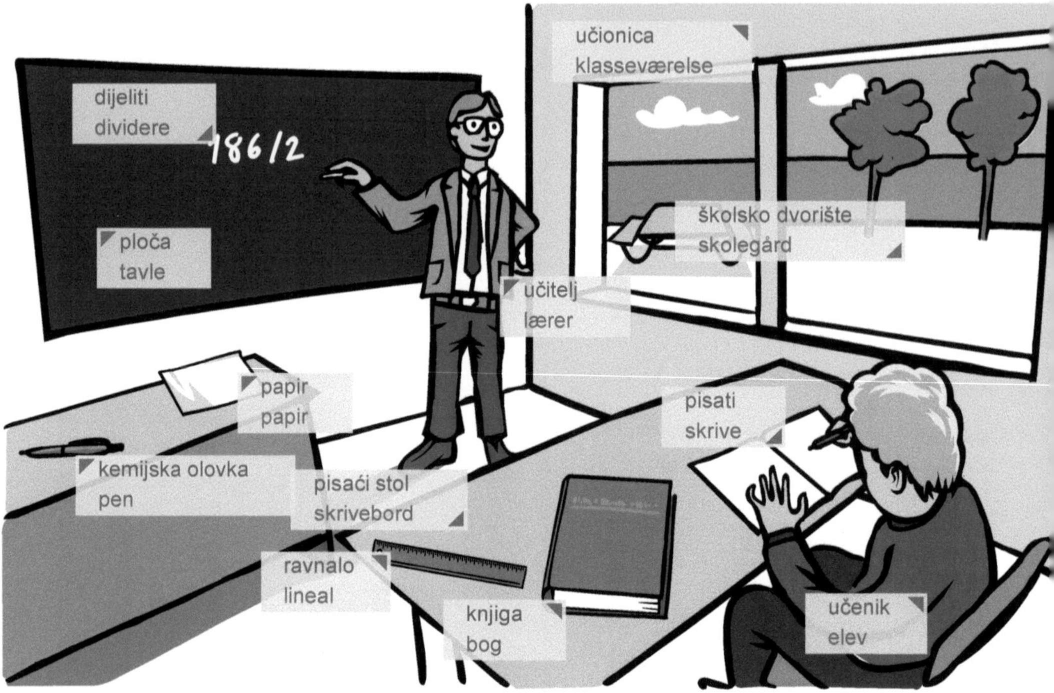

učionica
klasseværelse
dijeliti
dividere
186/2
ploča
tavle
školsko dvorište
skolegård
učitelj
lærer
papir
papir
pisati
skrive
kemijska olovka
pen
pisaći stol
skrivebord
ravnalo
lineal
knjiga
bog
učenik
elev

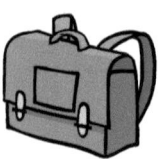

torba
skoletaske

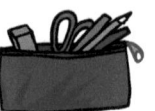

pernica
penalhus

grafitna olovka
blyant

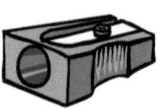

šiljilo za olovke
blyantspidser

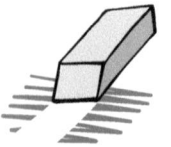

gumica za brisanje
viskelæder

blok za crtanje
tegneblok

crtež
·················
tegning

kist
·················
pensel

kutija s bojama
·················
æske med vandfarver

makaze
·················
saks

ljepilo
·················
lim

bilježnica
·················
opgavehefte

domaći zadatak
·················
lektie

broj
·················
tal

sabirati
·················
addere

oduzimati
·················
subtrahere

multiplicere
·················
množiti

računati
·················
regne

slovo
·················
bogstav

abeceda
·················
alfabet

riječ
·················
ord

tekst
tekst

čitati
læse

kreda
kridt

sat
time

dnevnik
klasseprotokol

ispit
eksamen

svjedodžba
karakterbog

školska uniforma
skoleuniform

obrazovanje
uddannelse

leksikon
leksikon

sveučilište
universitet

mikroskop
mikroskop

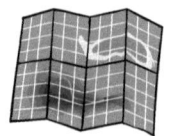

karta
kort

košara za papir
papirkurv

hotel
hotel

Grand

prenoćište
herberg

ROOMS

mjenjačnica
vekselkontor

EXCHANGE

D

kofer
kuffert

auto
bil

jezik
....
sprog

da / ne
....
ja / nej

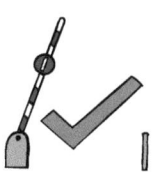

okay
....
okay

zdravo
....
hej

prevoditelj
....
oversætter

hvala
....
tak

Koliko košta...?

hvad koster...?

ne razumijem

Jeg forstår ikke

problem

problem

dobro veče!

God aften!

Dobro jutro!

God morgen!

Laku noć!

God nat!

doviđenja

farvel

smjer

retning

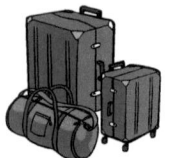

prtljaga

bagage

torba

taske

ruksak

rygsæk

gost

gæst

soba

værelse

vreća za spavanje

sovepose

šator

telt

putovanje - rejse

turističke informacije

turistinformation

plaža

strand

kreditna kartica

kreditkort

doručak

morgenmad

ručak

middagsmad

večera

aftensmad

karta za vožnju

billet

dizalo

elevator

poštanska markica

frimærke

granica

grænse

carina

told

ambasada

ambassade

viza

visum

putovnica

pas

transport

transport

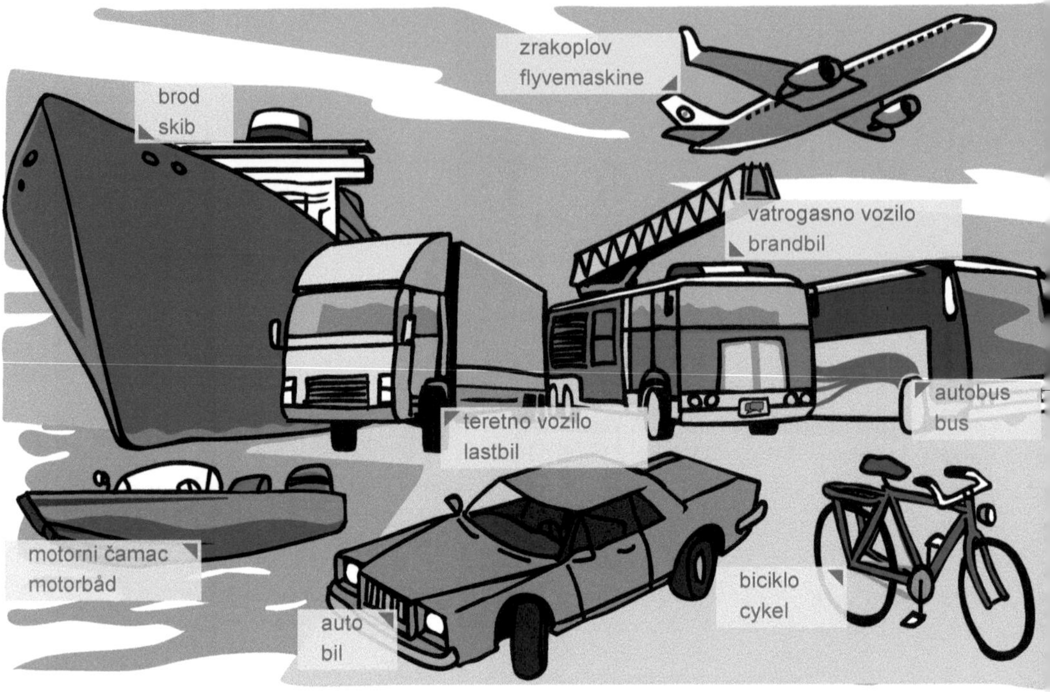
zrakoplov
flyvemaskine
brod
skib
vatrogasno vozilo
brandbil
autobus
bus
teretno vozilo
lastbil
motorni čamac
motorbåd
biciklo
cykel
auto
bil

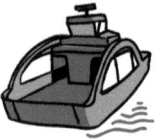

trajekt

færge

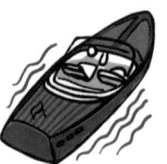

čamac

båd

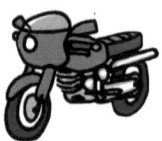

motocikl

motorcykel

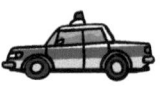

policijski auto

politibil

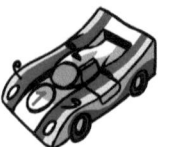

trkaći auto

racerbil

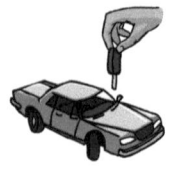

iznajmljeno auto

lejebil

dijeljenje automobila

samkørsel

vučno vozilo

kranbil

vozilo za odvoz smeća

skraldebil

motor

motor

benzin

benzin

benzinska postaja

tankstation

prometni znak

trafikskilt

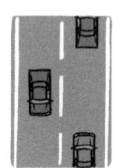

promet

trafik

zastoj

trafikprop

parkiralište

parkeringsplads

kolodvor

banegård

šine

skinner

vlak

tog

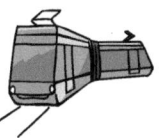

tramvaj

sporvogn

vagon

wagon

helikopter
helikopter

zrakoplovna luka
lufthavn

toranj
tårn

putnik
passager

kontejner
container

karton
karton

kolica
kærre

košara
kurv

uzletjeti / sletjeti
starte / lande

grad
by

selo
landsby

centar grada
bymidte

kuća
hus

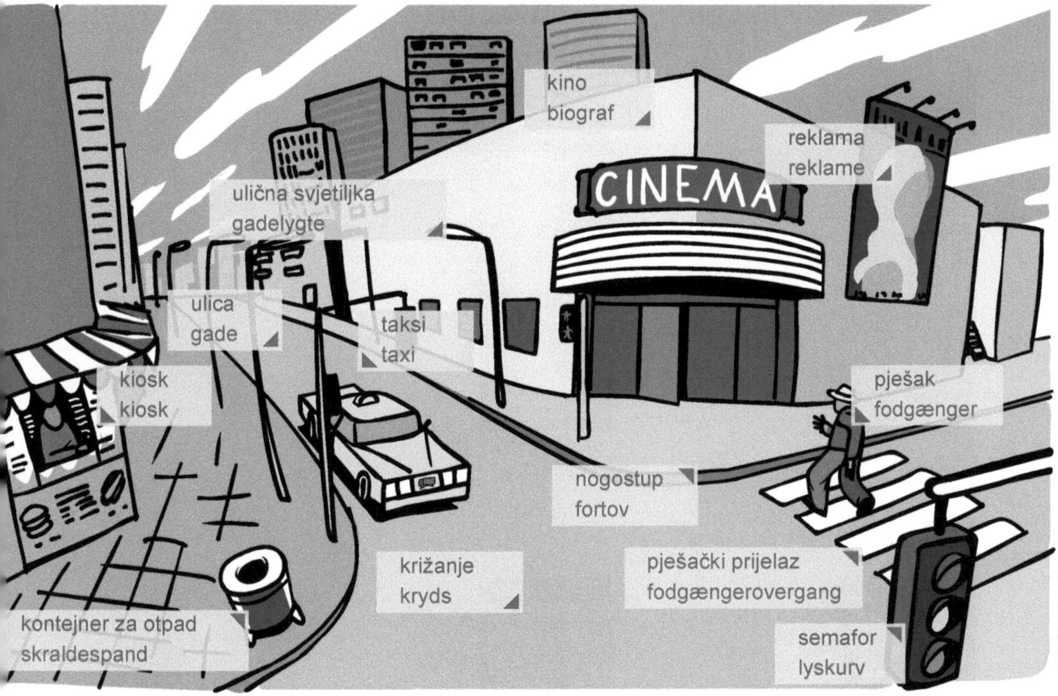

kino
biograf

reklama
reklame

ulična svjetiljka
gadelygte

CINEMA

ulica
gade

taksi
taxi

kiosk
kiosk

pješak
fodgænger

nogostup
fortov

križanje
kryds

pješački prijelaz
fodgængerovergang

kontejner za otpad
skraldespand

semafor
lyskurv

koliba
hytte

stan
lejlighed

kolodvor
banegård

vijećnica
rådhus

muzej
museum

škola
skole

sveučilište

universitet

banka

bank

bolnica

sygehus

hotel

hotel

ljekarna

apotek

ured

kontor

knjižara

boghandel

prodavaonica

butik

cvjećara

blomsterbutik

supermarket

supermarked

trg

marked

robna kuća

stormagasin

ribarnica

fiskehandler

trgovački centar

butikscenter

luka

havn

park
park

klupa
bænk

most
bro

stepenice
trappe

podzemna željeznica
undergrundsbane

tunel
tunnel

autobusna stanica
busstoppested

bar
barnevogn

restoran
restaurant

poštansko sanduče
postkasse

ulični znak
vejskilt

parkirni sat
parkometer

zoološki vrt
zoo

bazen
badeanstalt

džamija
moske

seosko gazdinstvo

bondegård

zagađenje okoliša

miljøforurening

groblje

kirkegård

crkva

kirke

igralište

legeplads

hram

tempel

krajolik

landskab

list
blad

putokaz
vejviser

put
vej

livada
eng

kamen
sten

šetač
vandrer

drvo
træ

rijeka
flod

trava
græs

cvijet
blomst

dolina
dal

planina
bjerg

jezero
sø

šuma
skov

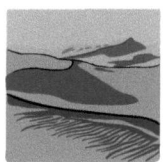

pustinja
ørken

vulkan
vulkan

dvorac
slot

duga
regnbue

gljiva
svamp

palma
palme

moskito
moskito

muha
flue

mrav
myre

pčela
bi

pauk
edderkop

buba

bille

žaba

frø

vjeverica

egern

jež

pindsvin

zec

hare

sova

ugle

ptica

fugl

labud

svane

divlja svinja

vildsvin

jelen

hjort

los

elg

nasip

dæmning

vjetrenjača

vindmølle

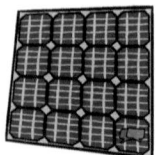

solarna ploča

solcellemodul

klima

klima

restoran
restaurant

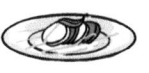

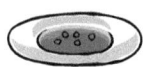

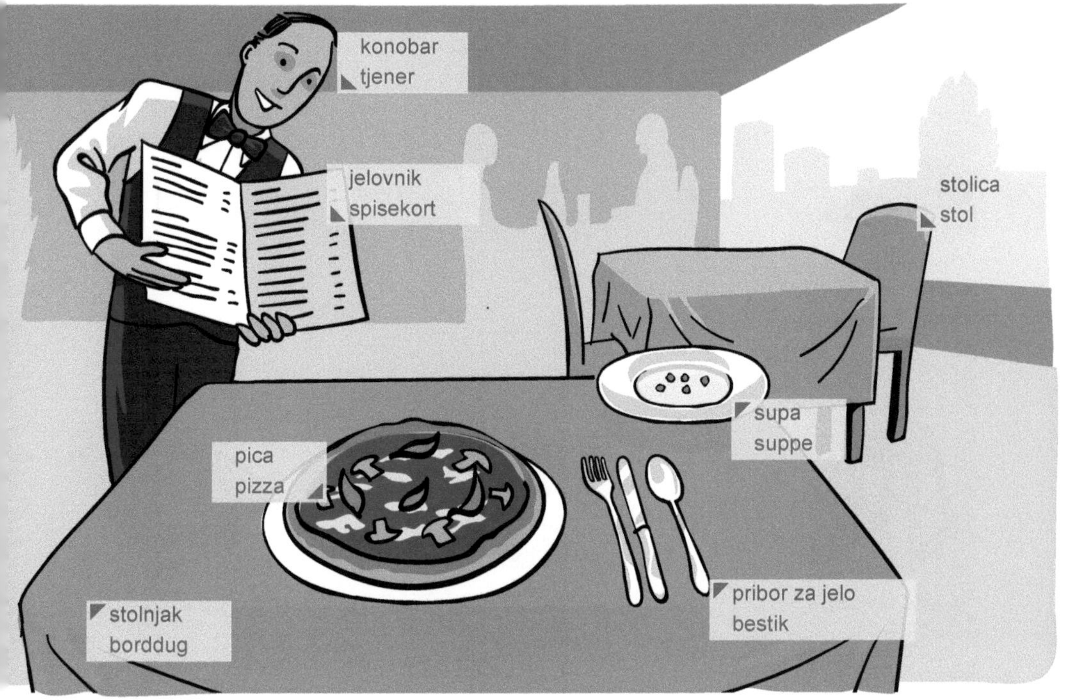
konobar
tjener
jelovnik
spisekort
stolica
stol
supa
suppe
pica
pizza
stolnjak
borddug
pribor za jelo
bestik

predjelo

forret

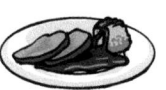

glavno jelo

hovedret

desert

dessert

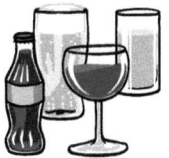

napitci

drikkevarer

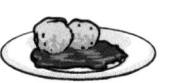

jelo

mad

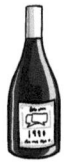

boca

flaske

fastfood

fastfood

imbis hrana

streetfood

čajnik

tekande

doza za šećer

sukkerdåse

porcija

portion

aparat za espresso

espressomaskine

visoka stolica

barnestol

račun

faktura

pladanj

tablet

nož

kniv

vilica

gaffel

žlica

ske

čajna žlica

teske

ubrus

serviet

čaša

glas

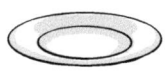

tanjur

tallerken

tanjur za supu

dyb tallerken

tanjurić

underkop

sos

sovs

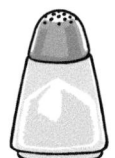

soljenka

saltbøsse

mlin za biber

peberkværn

ocat

eddike

ulje

olie

začini

krydderier

kečap

ketchup

senf

sennep

majoneza

mayonnaise

supermarket
supermarked

ponuda
tilbud
FOR
kupac
kunde
mliječni proizvodi
mælkeprodukter
voće
frugt
kolica za kupnju
indkøbsvogn

BUTCHERS

mesnica

slagter

BAKERY

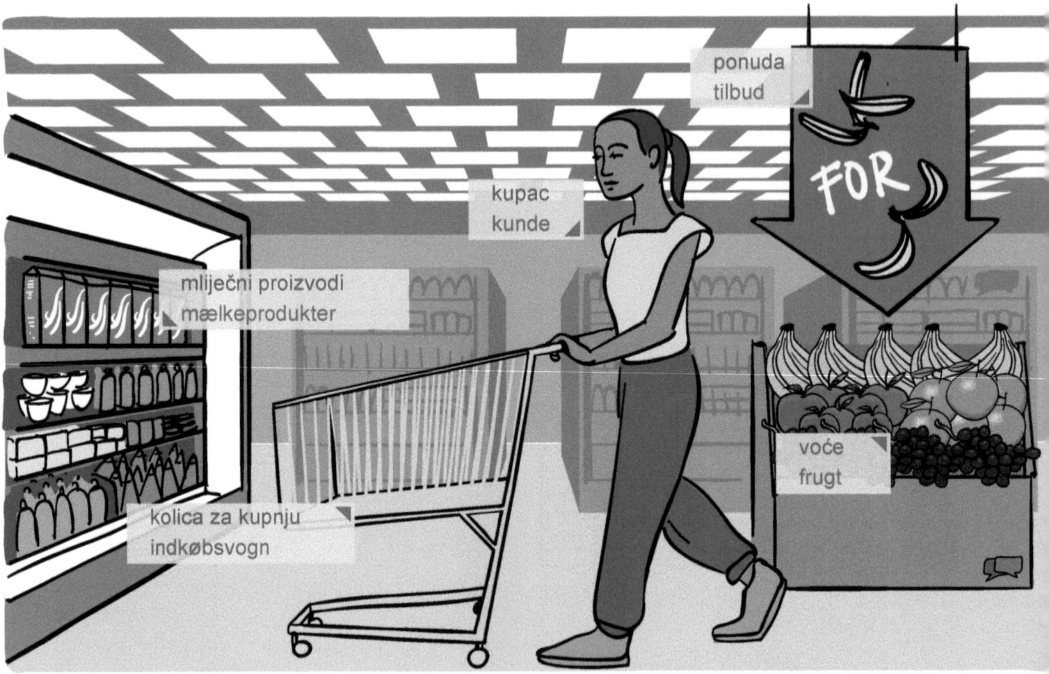

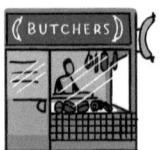

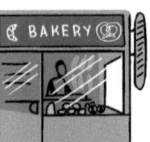

pekarnica

bageri

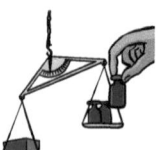

vagati

veje

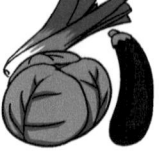

povrće

grøntsager

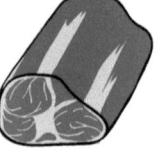

meso

kød

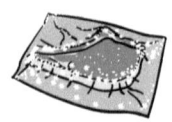

duboko smrznuta hrana

frostvarer

narezak

pålæg

konzerve

konserves

sredstvo za pranje

vaskemiddel

slatkiši

slik

artikli za domaćinstvo

husholdningsvarer

sredstva za čišćenje

rengøringsmidler

prodavačica

ekspedient

blagajna

kasse

blagajnik

kasserer

lista za kupnju

indkøbsliste

vrijeme rada

åbningstider

novčanik

tegnebog

kreditna kartica

kreditkort

torba

taske

plastična vrećica

plasticpose

voda
vand

sok
saft

mlijeko
mælk

cola
cola

vino
vin

pivo
øl

alkohol
alkohol

kakao
kakao

čaj
te

kava
kaffe

espresso
espresso

cappuccino
cappuccino

banana

banan

jabuka

æble

naranča

appelsin

lubenica

melon

limun

citron

mrkva

gulerod

češnjak

hvidløg

bambus

bambus

luk

løg

gljiva

svamp

orašasti plodovi

nødder

rezanci

nudler

špagete

spaghetti

riža

ris

salata

salat

pomfrit

pomfritter

pečeni krumpir

stegte kartofler

pica

pizza

hamburger

hamburger

sendvič

sandwich

šnicla

schnitzel

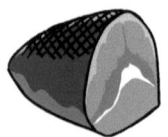

pršut

skinke

salama

salami

kobasica

pølse

kokoš

kylling

pečenje

steg

riba

fisk

zobene pahuljice

havregryn

musli

mysli

kukuruzne pahuljice

cornflakes

brašno

mel

roščić

croissant

pecivo

rundstykke

kruh

brød

toast

toast

keksi

kiks

maslac

smør

svježi sir

kvark

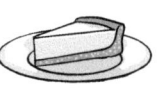

kolač

kage

jaje

æg

jaje na oko

spejlæg

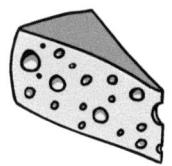

sir

ost

sladoled

is

šećer

sukker

med

honning

marmelada

marmelade

nugat krema

nougat-creme

curry

karry

seosko gazdinstvo
bondegård

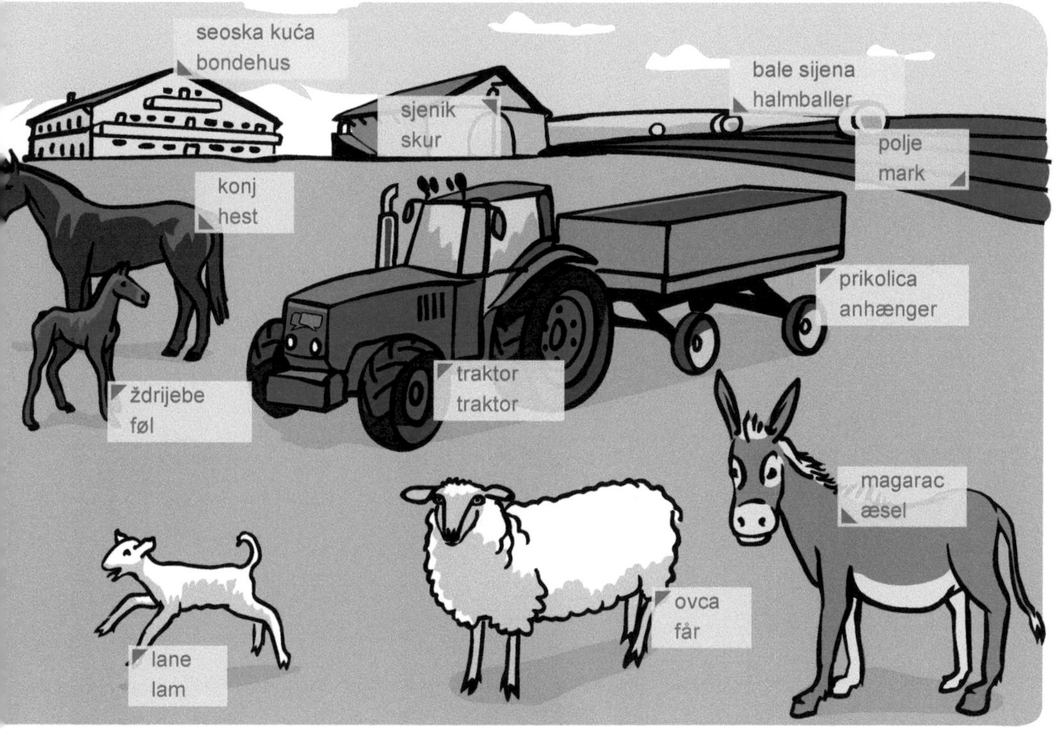
seoska kuća
bondehus
sjenik
skur
bale sijena
halmballer
polje
mark
konj
hest
prikolica
anhænger
ždrijebe
føl
traktor
traktor
magarac
æsel
ovca
får
lane
lam

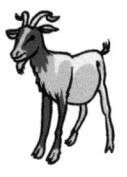

koza
ged

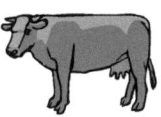

krava
ko

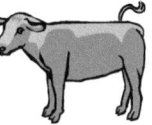

tele
kalv

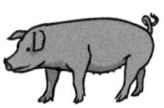

svinja
svin

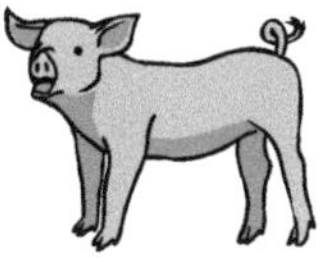

prase
gris

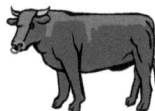

bik
tyr

guska
gås

patka
and

pilići
kylling

kokoš
høne

pijetao
hane

pacov
rotte

mačka
kat

miš
mus

vol
okse

pas
hund

kućica za psa
hundehus

vrtno crijevo
haveslange

kanta za polijevanje
vandkande

kosa
le

plug
plov

srp
segl

motika
hakkejern

vilica za gnojivo
møggreb

sjekira
økse

tačke
trillebør

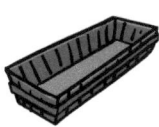

korito
trug

posuda za mlijeko
mælkekande

vreća
sæk

ograda
hæk

štala
stald

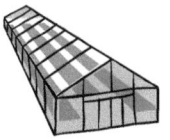

staklenik
drivhus

zemlja
jord

sjeme
frø

gnojivo
gødning

kombajn
mejetærsker

žanjati

høste

žetva

høst

yams začin

yams

pšenica

hvede

soja

soja

krumpir

kartoffel

kukuruz

majs

uljana repica

raps

voćka

frugttræ

gomolj manioke

maniok

žitarice

korn

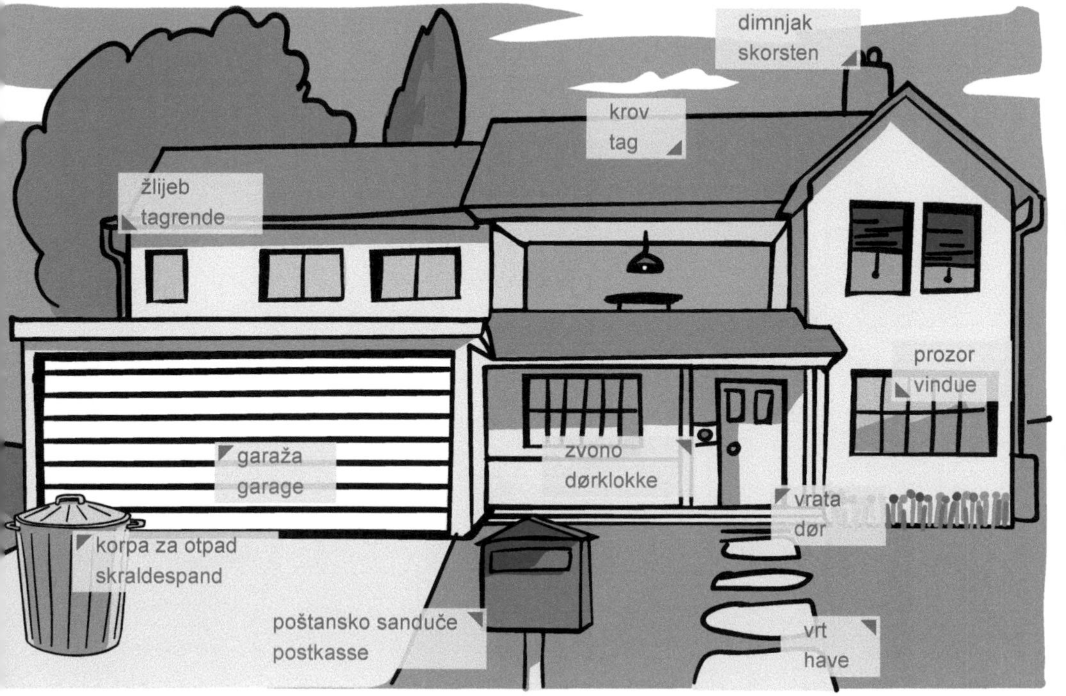

dimnjak
skorsten

krov
tag

žlijeb
tagrende

prozor
vindue

garaža
garage

zvono
dørklokke

vrata
dør

korpa za otpad
skraldespand

poštansko sanduče
postkasse

vrt
have

dnevna soba
stue

kupaonica
badeværelse

kuhinja
køkken

spavaća soba
soveværelse

dječija soba
børneværelse

trpezarija
spisestue

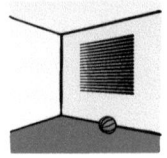

pod

gulv

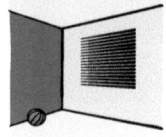

zid

væg

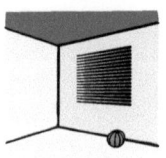

strop

loft

podrum

kælder

sauna

sauna

balkon

altan

terasa

terrasse

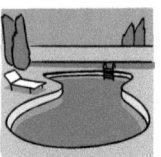

bazen

svømmehal

kosilica za travu

plæneklipper

posteljina za krevet

dynebetræk

deka za krevet

dyne

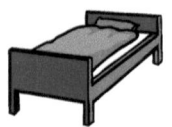

krevet

seng

metla

kost

kanta

spand

sklopka

kontakt

dnevna soba
stue

tapeta
tapet
slika
billede
svjetiljka
lampe
regal
reol
ormar
skab
televizija
fjernsyn
kamin
pejs
cvijet
blomst
jastuk
pude
kauč
sofa
vaza
vase
daljinski upravljač
fjernbetjening

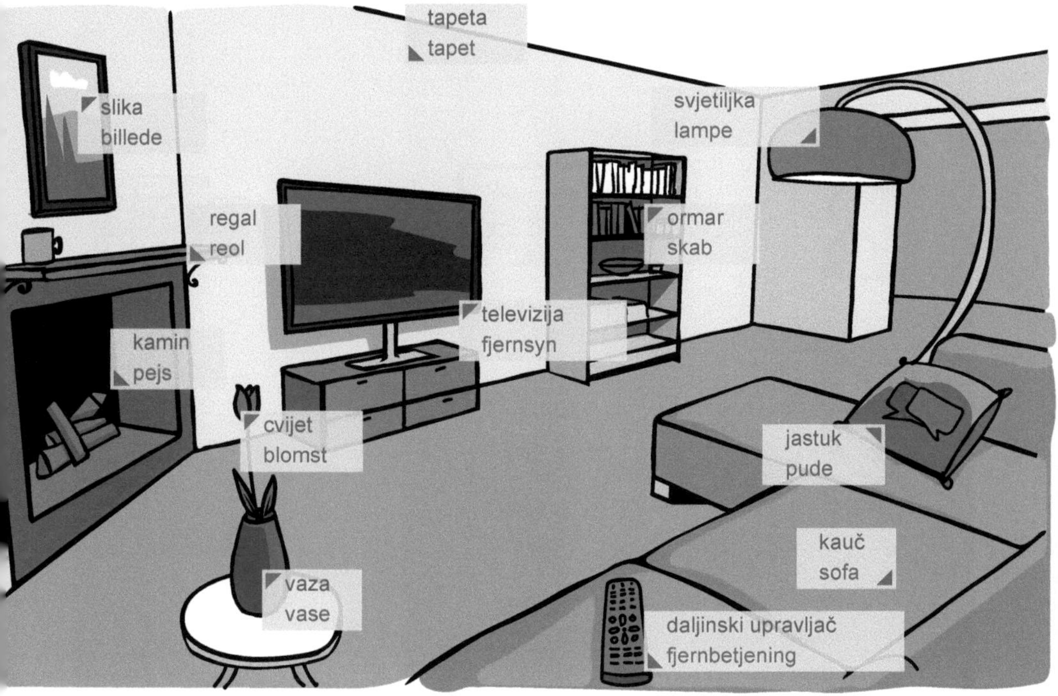

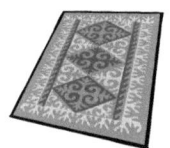

tepih
gulvtæppe

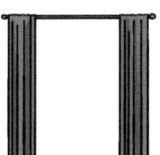

zavjesa
gardin

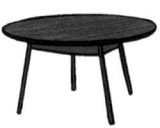

stol
bord

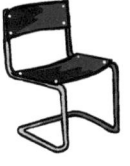

stolica
stol

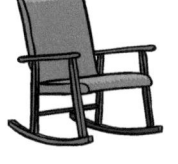

stolica za njihanje
gyngestol

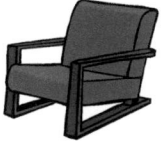

fotelja
lænestol

knjiga

bog

deka

tæppe

dekoracija

dekoration

drvo za ogrjev

brænde

film

film

stereo uređaj

stereoanlæg

ključ

nøgle

novine

avis

slika na platnu

maleri

poster

plakat

radio

radio

blok za pisanje

notesblok

usisavač

støvsuger

kaktus

kaktus

svijeća

lys

kuhinja
køkken

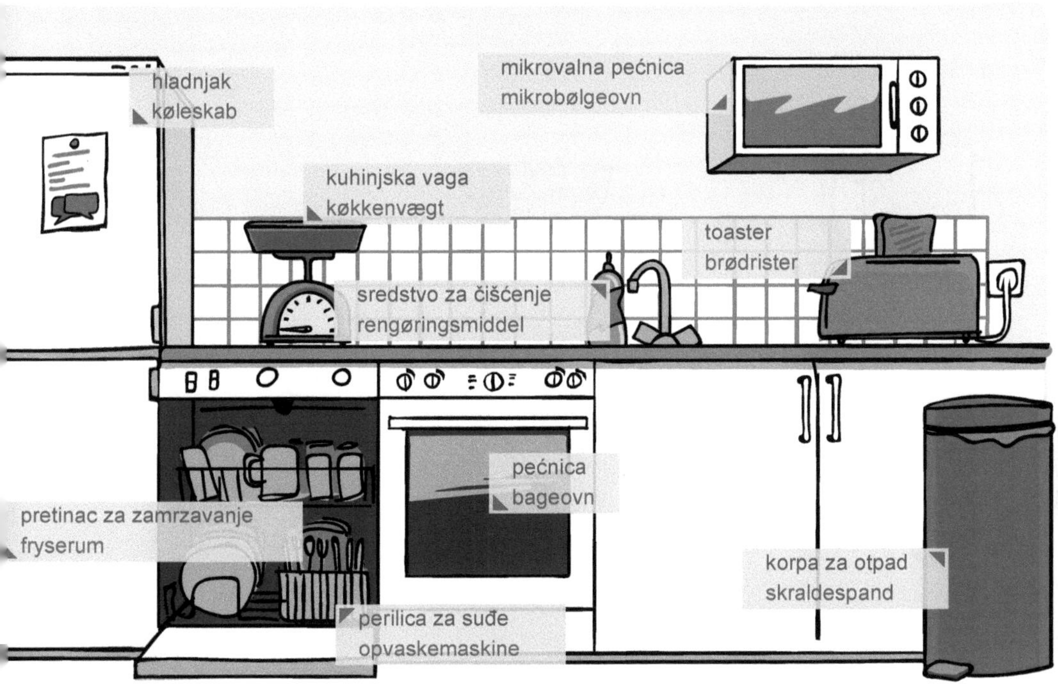

hladnjak
køleskab
mikrovalna pećnica
mikrobølgeovn
kuhinjska vaga
køkkenvægt
toaster
brødrister
sredstvo za čišćenje
rengøringsmiddel
pećnica
bageovn
pretinac za zamrzavanje
fryserum
korpa za otpad
skraldespand
perilica za suđe
opvaskemaskine

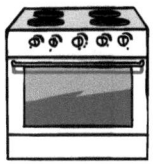

štednjak

komfur

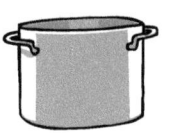

lonac

gryde

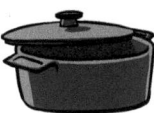

željezni lonac

jerngryde

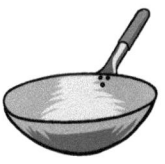

wok / kadai

wok / kadai

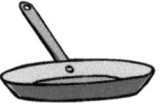

tava

pande

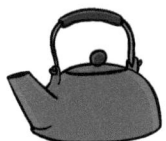

kuhalo za vodu

elkedel

kuhalo na paru

dampkoger

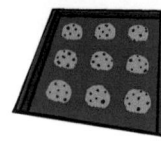

lim za pečenje

bageplade

posuđe

service

čaša

bæger

zdjela

skål

štapići za jelo

spisepinde

kutljača

øseske

lopatica

paletkniv

pjenjača

piskeris

sito za kuhanje

dørslag

sito

si

ribež

rive

mužar

morter

roštilj

grille

ognjište

ildsted

daska

skærebræt

oklagija

kagerulle

vadičep

proptrækker

konzerva

dåse

otvarač konzervi

dåseåbner

krpa za lonac

grydelap

sudoper

køkkenvask

četka

børste

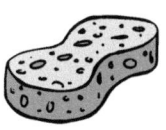

spužva

svamp

mikser

blender

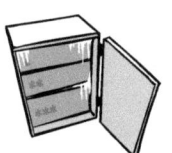

zamrzivač

dybfryser

bočica za bebe

sutteflaske

slavina za vodu

vandhane

kupaonica
badeværelse

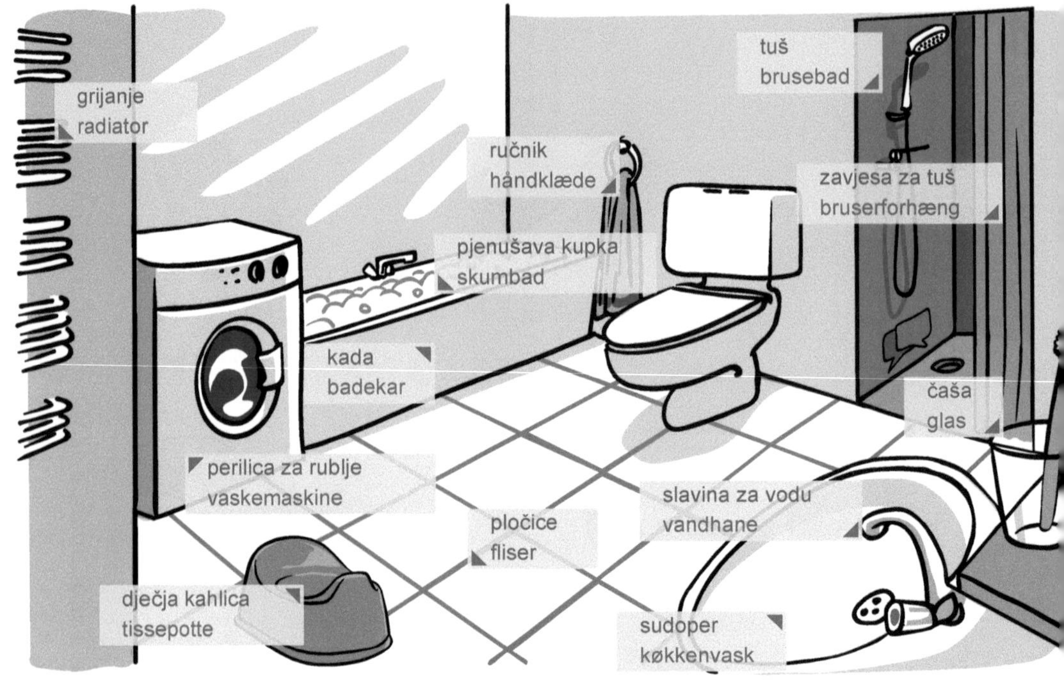

tuš
brusebad
grijanje
radiator
ručnik
håndklæde
zavjesa za tuš
bruserforhæng
pjenušava kupka
skumbad
kada
badekar
čaša
glas
perilica za rublje
vaskemaskine
slavina za vodu
vandhane
pločice
fliser
dječja kahlica
tissepotte
sudoper
køkkenvask

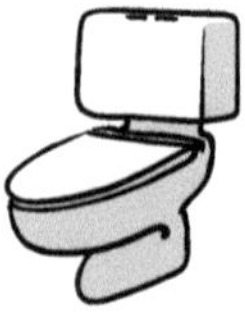

toalet

toilet

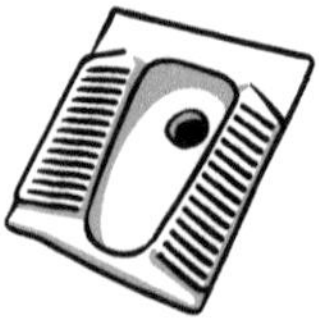

čučavac

hugsiddende toilet

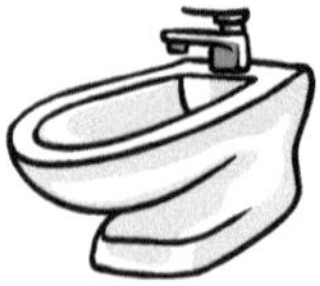

bidet

bidet

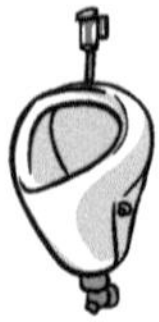

pisoar

pissoir

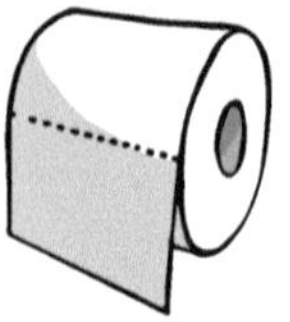

papir za toalet

toiletpapir

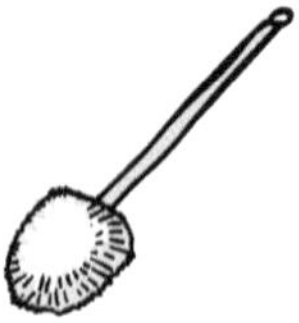

četka za toalet

toiletbørste

četkica za zube

tandbørste

pasta za zube

tandpasta

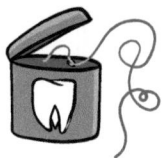

konac za zube

tandtråd

prati

vaske

tuš ručica

håndbruser

tuš za pranje intimnih dijelova

intimbruser

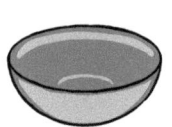

lavor

vaskefad

četka za pranje leđa

badebørste

sapun

sæbe

gel za tuširanje

brusegele

šampon

shampoo

krpa za pranje

vaskeklud

odvod

afløb

krema

creme

dezodorans

deodorant

ogledalo

spejl

kozmetičko ogledalo

kosmetikspejl

brijač

barberhøvl

pjena za brijanje

barberskum

losion za poslije brijanja

barbervand

češalj

kam

četka

børste

sušilo za kosu

hårtørrer

sprej za kosu

hårspray

makeup

makeup

ruž za usne

læbestift

lak za nokte

neglelak

vata

vat

škare za nokte

neglesaks

parfem

parfume

neseser

toilettaske

stolica

skammel

vaga

vægt

ogrtač

badekåbe

rukavice za čišćenje

gummihandsker

tampon

tampon

uložak

damebind

kemijski toalet

kemisk toilet

dječija soba
børneværelse

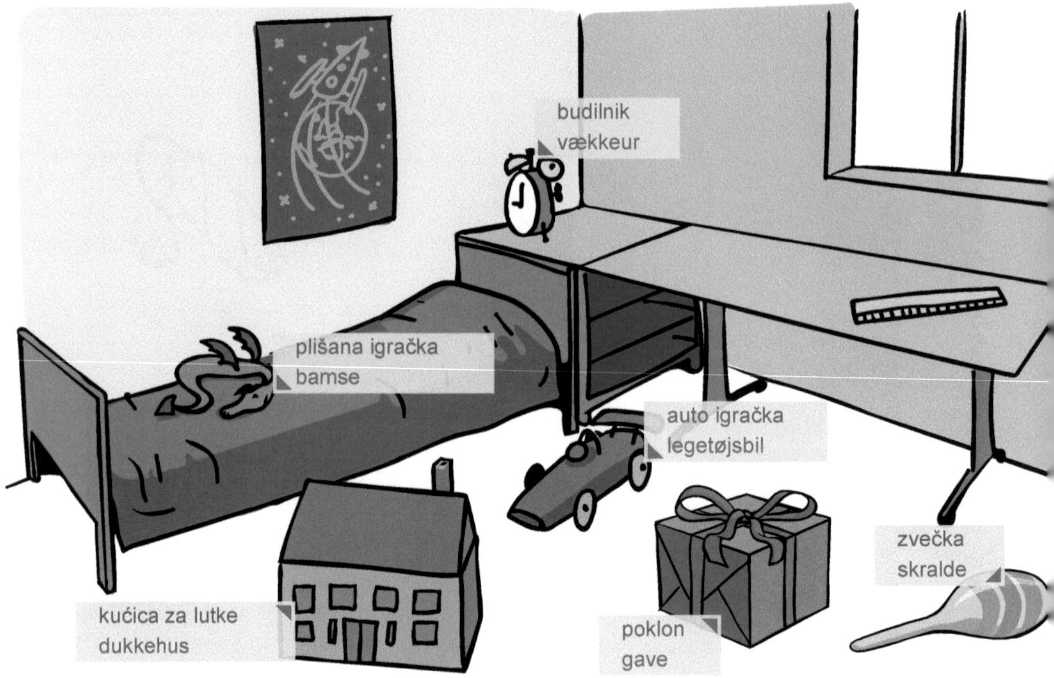

budilnik
vækkeur
plišana igračka
bamse
auto igračka
legetøjsbil
zvečka
skralde
kućica za lutke
dukkehus
poklon
gave

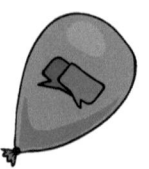

balon
ballon

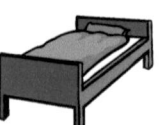

krevet
seng

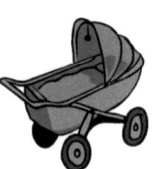

dječija kolica
barnevogn

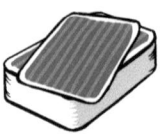

igra s kartama
kortspil

slagalica
puslespil

SUPER
MEGA

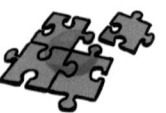

strip
tegneserie

lego kockice

legoklodser

kockice za slaganje

byggeklodser

akcioni junak

action figur

kombinezon za bebe

sparkedragt

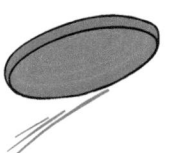

frizbi

frisbee

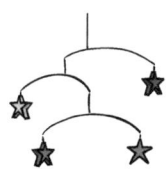

viseće igračke

uro

društvene igre

brætspil

kocka

terning

minijaturna željeznica

modeljernbane

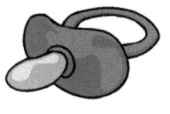

duda

sut

tulum

fest

slikovnica

billedbog

lopta

bold

lutka

dukke

igrati

lege

pješčanik

sandkasse

ljuljačka

gynge

igračka

legetøj

konzola za igre

spillekonsol

tricikl

trehjulet cykel

plišani medo

bamse

ormar

klædeskab

odjeća

tøj

kratke čarape

sokker

čarape

strømper

hulahopke

strømpebukser

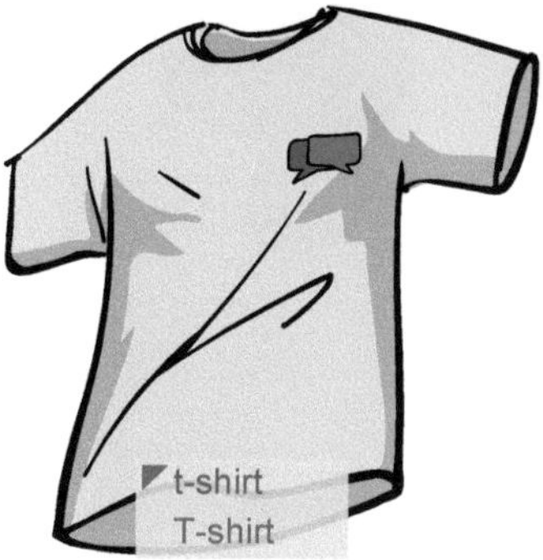

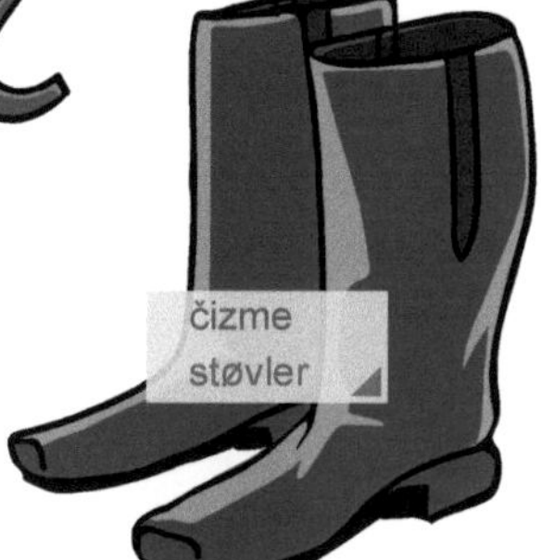

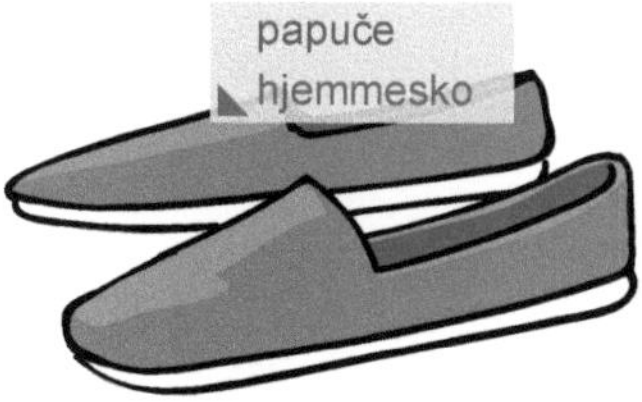

šal
sjal

kaiš
bælte

kišobran
paraply

t-shirt
T-shirt

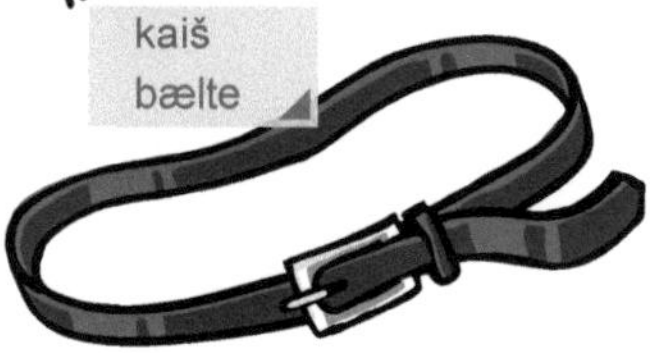

čizme
støvler

papuče
hjemmesko

patike
sneakers

sandale
sandaler

cipele
sko

gumene čizme
gummistøvler

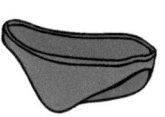

gaćice
underbukser

grudnjak
BH

potkošulja
undertrøje

bodi
body

hlače
bukser

džins
jeans

haljina
nederdel

bluza
bluse

košulja
skjorte

džemper
pullover

pulover s kapuljačom
sweatshirt

blejzer
blazer

jakna
jakke

kaput
frakke

kabanica
regnfrakke

kostim
kostume

haljina
kjole

vjenčanica
brudekjole

odijelo

jakkesæt

spavaćica

nattrøje

pidžama

pyjamas

sari

sari

rubac

hovedtørklæde

turban

turban

burka

burka

kaftan

kaftan

abaja

abaya

kupaći kostim

badedragt

kupaće gaćice

badebukser

kratke hlače

korte bukser

odjeća za trening

træningsdragt

pregača

forklæde

rukavice

handsker

gumb

knap

naočale

briller

narukvica

armbånd

ogrlica

kæde

prsten

ring

naušnica

ørering

kapa

hue

vješalica

bøjle

šešir

hat

kravata

slips

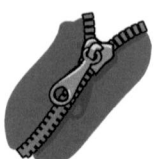

patent zatvarač

lynlås

kaciga

hjelm

naramenice

seler

školska uniforma

skoleuniform

uniforma

uniform

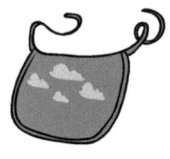

podbradak

hagesmæk

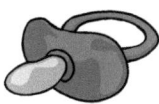

duda

sut

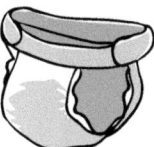

pelena

ble

ured
kontor

server
server
ormar za spise
arkivskab
pisač
printer
papir
papir
monitor
skærm
miš
mus
pisaći stol
skrivebord
mapa
mappe
tipkovnica
tastatur
košara za papir
papirkurv
računar
computer
stolica
stol

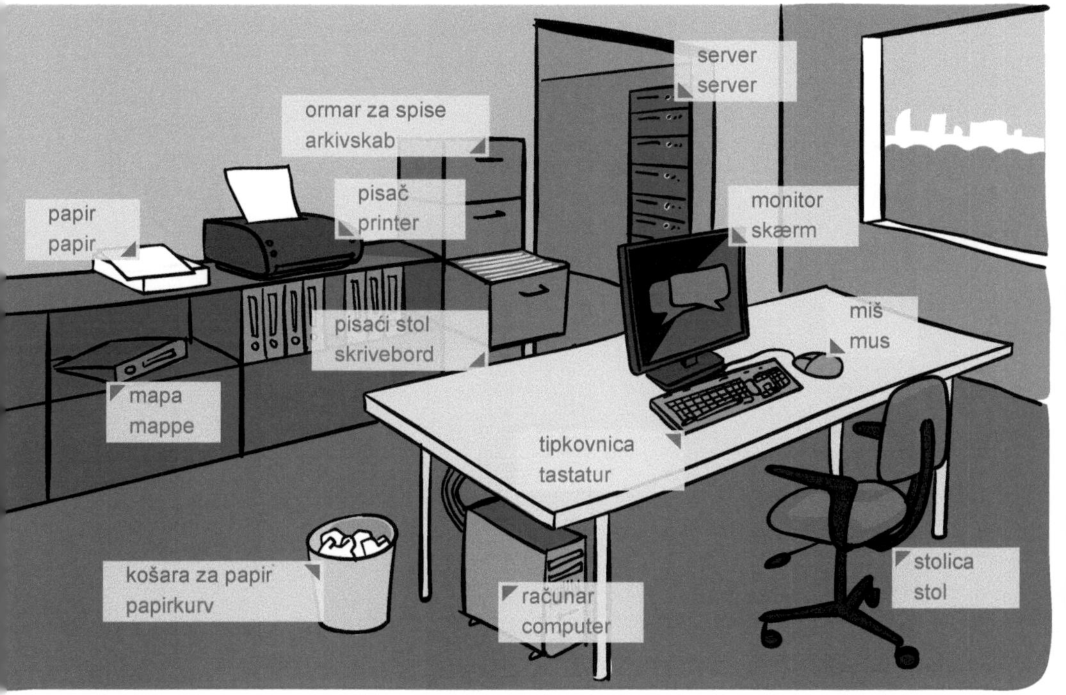

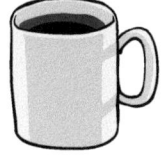

šalica za kavu

kaffekrus

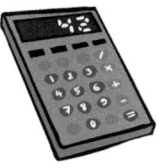

kalkulator

lommeregner

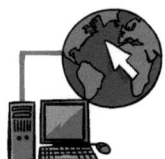

internet

internet

laptop
bærbar

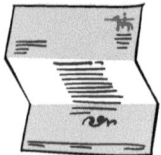

pismo
brev

poruka
besked

mobilni telefon
mobil

mreža
netværk

uređaj za kopiranje
kopimaskine

softver
software

telefon
telefon

utičnica
stikdåse

faks
fax

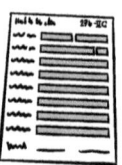

obrazac
formular

dokument
dokument

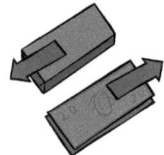

kupovati
købe

platiti
betale

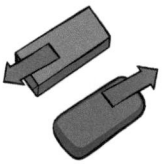

trgovati
handle

novac
penge

dolar
dollar

euro
euro

jen
yen

rubalj
rubel

švicarski franak
schweizerfranc

renmindbi yuan
renminbi yuan

rupija
rupee

automat za novac
hæveautomat

mjenjačnica
....
vekselkontor

zlato
....
guld

srebro
....
sølv

nafta
....
olie

energija
....
energi

cijena
....
pris

ugovor
....
kontrakt

porez
....
skat

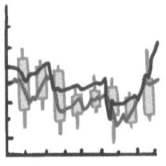

dionica
....
aktie

raditi
....
arbejde

službenik
....
ansat

poslodavac
....
arbejdsgiver

tvornica
....
fabrik

prodavaonica
....
butik

zanimanja
erhverv

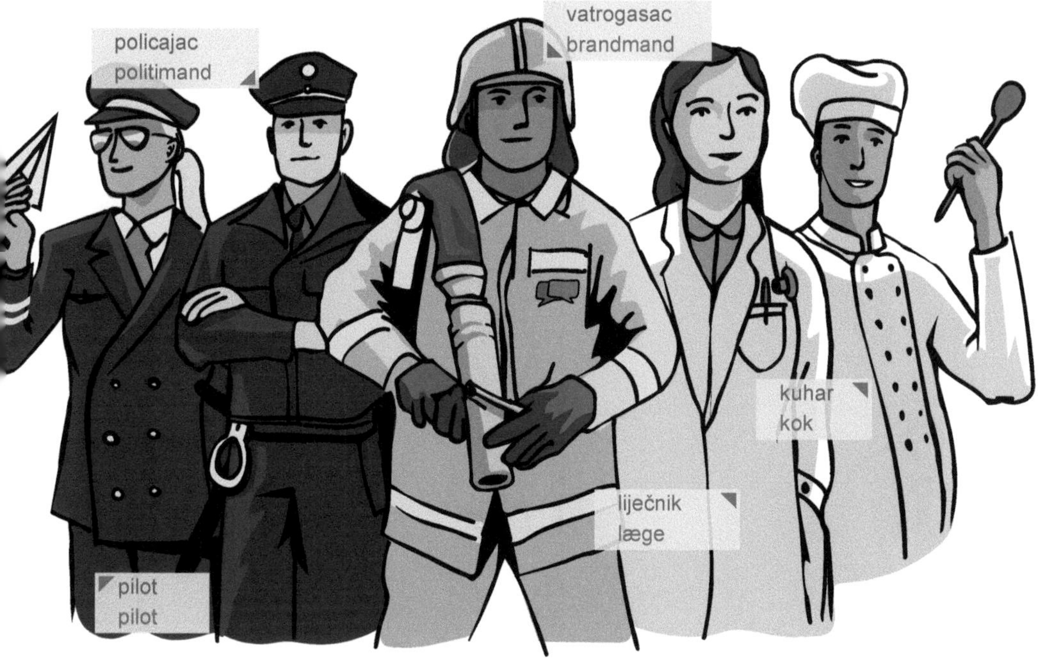

policajac
politimand
vatrogasac
brandmand
kuhar
kok
liječnik
læge
pilot
pilot

vrtlar

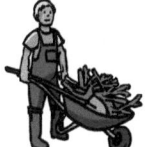

gartner

stolar

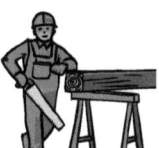

tømrer

krojačica

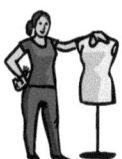

syerske

sudija

dommer

kemičar

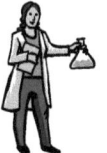

kemiker

glumac

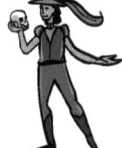

skuespiller

vozač autobusa

buschauffør

vozač taksija

taxachauffør

ribar

fisker

čistačica

rengøringskone

krovopokrivač

tagdækker

konobar

tjener

lovac

jæger

slikar

maler

pekar

bager

električar

elektriker

građevinski radnik

bygningsarbejder

inženjer

ingeniør

mesar

slagter

limar

vvs-mand

poštar

postbud

vojnik

soldat

arhitekta

arkitekt

blagajnik

kasserer

cvjećar

blomsterhandler

frizer

frisør

kondukter

togfører

mehaničar

mekaniker

kapetan

kaptajn

zubar

tandlæge

znanstvenik

videnskabsmand

rabi

rabbiner

imam

imam

monah

munk

svećenik

præst

alati
værktøj

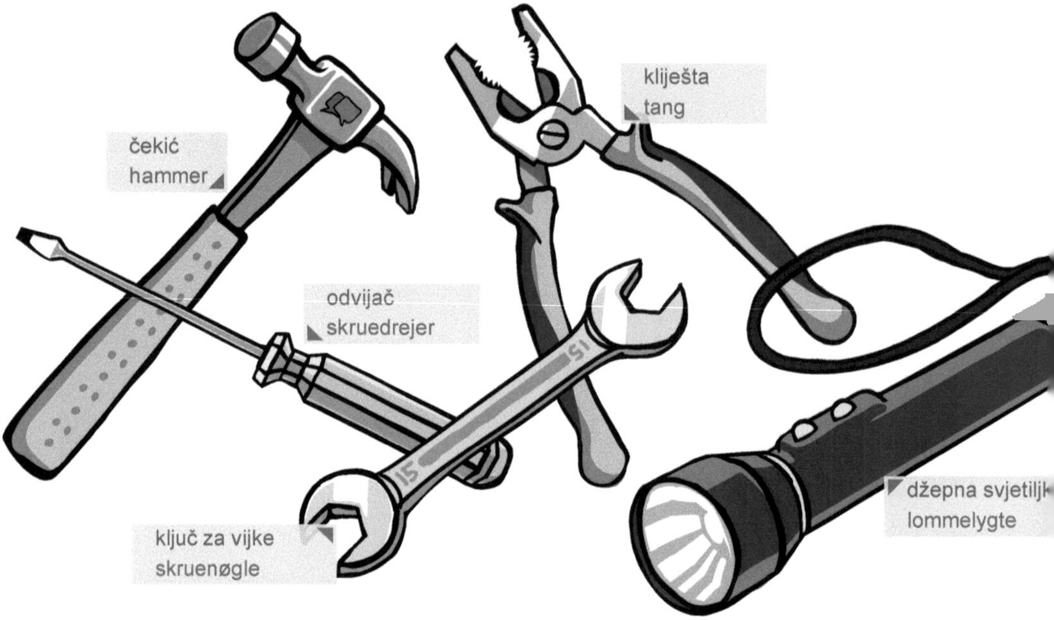

čekić
hammer
kliješta
tang
odvijač
skruedrejer
ključ za vijke
skruenøgle
džepna svjetiljk
lommelygte

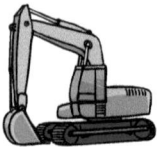

rovokopač

gravemaskine

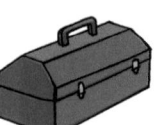

kutija za alat

værktøjskasse

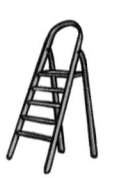

ljestve

stige

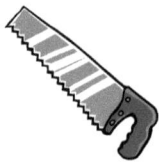

pila

sav

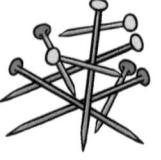

ekser

søm

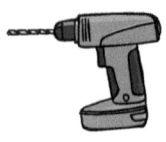

bušilica

bor

popraviti

reparere

lopata

skovl

Sranje!

Lort!

lopatica

fejebakke

lonac za boju

malerspand

vijci

skruer

glazbeni instrument
musikinstrumenter

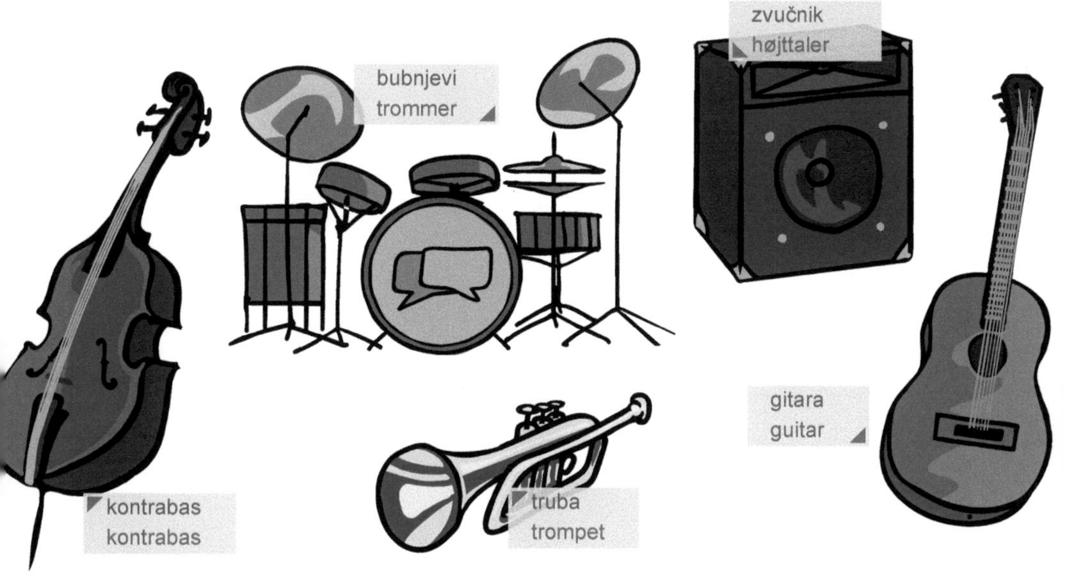

zvučnik
højttaler

bubnjevi
trommer

kontrabas
kontrabas

truba
trompet

gitara
guitar

klavir

klaver

violina

violin

bas

bas

timpani

pauke

udaraljke za bubnjeve

tromme

keyboard

keyboard

saksofon

saxofon

flauta

fløjte

mikrofon

mikrofon

tigar
tiger

ulaz
indgang

kavez
bur

zebra
zebra

hrana za životinje
dyrefoder

panda
panda

životinje
dyr

slon
elefant

kengur
kænguru

nosorog
næsehorn

gorila
gorilla

medvjed
bjørn

kamila

kamel

noj

struds

lav

løve

majmun

abe

flamingo

flamingo

papagaj

papegøje

polarni medvjed

isbjørn

pingvin

pingvin

ajkula

haj

paun

påfugl

zmija

slange

krokodil

krokodille

čuvar u zoološkom vrtu

dyrepasser

tuljan

sæl

jaguar

jaguar

zoološki vrt - zoo

poni

pony

leopard

leopard

nilski konj

flodhest

žirafa

giraf

orao

ørn

divlja svinja

vildsvin

riba

fisk

kornjača

skildpadde

morž

hvalros

lisica

ræv

gazela

gazelle

američki nogomet
amerikansk football

biciklizam
cykling

tenis
tennis

košarka
basketball

plivanje
svømning

hockey na ledu
ishockey

boks
boksning

nogomet	badminton	atletika
fodbold	badminton	atletik
rukomet	skijanje	polo
håndbold	skiløb	polo

skočiti
springe

zagrliti
give et knus

smijati se
grine

ići
gå

pjevati
synge

sanjati
drømme

moliti se
bede

poljubiti
kysse

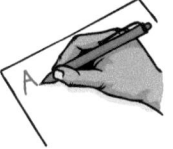

pisati
skrive

crtati
tegne

pokazati
vise

gurati
skubbe

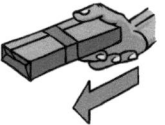

dati
give

uzeti
tage

imati

have

činiti

gøre

biti

være

stojati

stå

trčati

løbe

povlačiti

trække

baciti

kaste

padati

falde

ležati

ligge

čekati

vente

nositi

bære

sjediti

sidde

oblačiti

tage på

spavati

sove

probuditi se

vågne

gledati

se på

plakati

græde

milovati

ae

češljati

kæmme

govoriti

tale

razumjeti

forstå

pitati

spørge

slušati

høre

piti

drikke

jesti

spise

pospremiti

rydde op

voljeti

elske

kuhati

koge

voziti

køre

letjeti

flyve

ploviti

sejle

računati

regne

čitati

læse

učiti

lære

raditi

arbejde

vjenčati se

gifte sig med

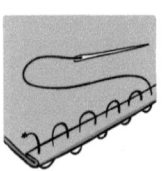

šiti

sy

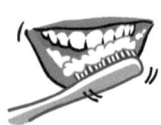

prati zube

børste tænder

ubiti

dræbe

pušiti

ryge

poslati

sende

baka
bedstemor

djed
bedstefar

otac
far

majka
mor

beba
baby

kćerka
datter

sin
søn

gost

gæst

tetka

tante

ujak, stric

onkel

brat

bror

sestra

søster

tijelo

krop

čelo
pande
oko
øje
rame
skulder
prst
finger
lice
ansigt
brada
hage
ruka
hånd
noga
ben
grudi
bryst
ruka
arm

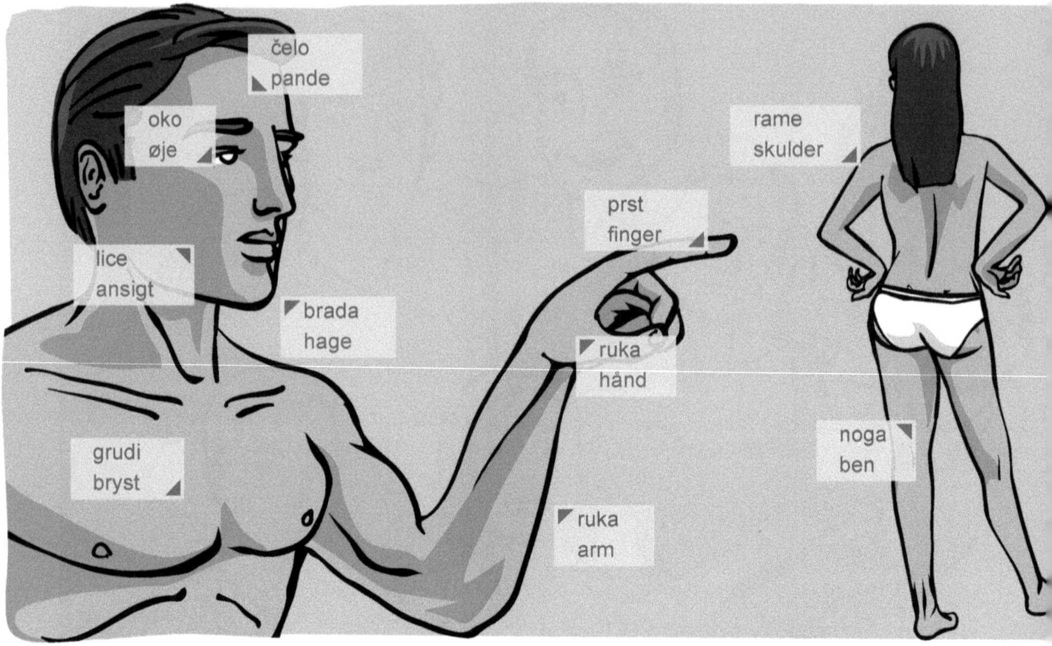

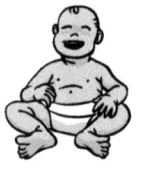

beba

baby

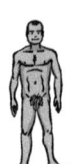

muškarac

mand

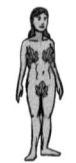

žena

kvinde

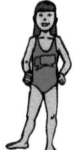

djevojčica

pige

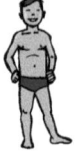

dječak

dreng

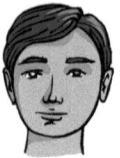

glava

hoved

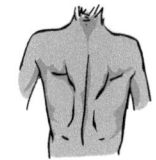

leđa
ryg

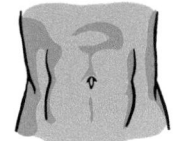

trbuh
mave

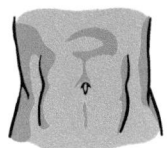

pupak
navle

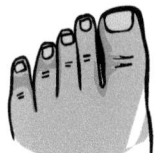

nožni prst
tå

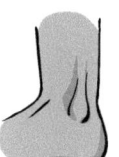

peta
hæl

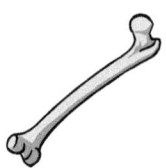

kost
knogle

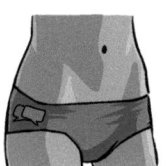

kuk
hofte

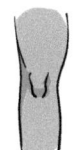

koljeno
knæ

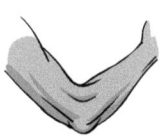

lakat
albue

nos
næse

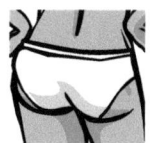

stražnjica
bagdel

koža
hud

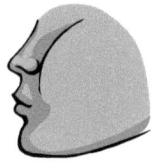

obraz
kind

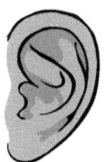

uho
øre

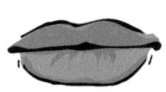

usna
læbe

tijelo - krop

69

usta

mund

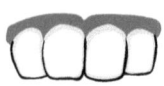

zub

tand

jezik

tunge

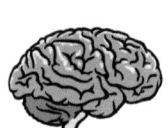

mozak

hjerne

srce

hjerte

mišić

muskel

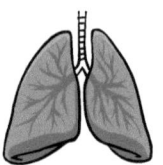

pluća

lunge

jetra

lever

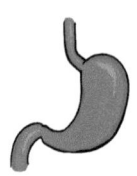

želudac

mavesæk

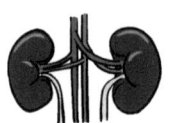

bubrezi

nyrer

snošaj

sex

kondom

kondom

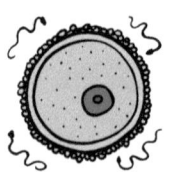

jajna stanica

ægcelle

sperma

sperm

trudnoća

svangerskab

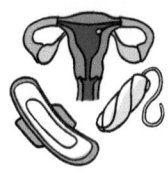

menstruacija

menstruation

vagina

vagina

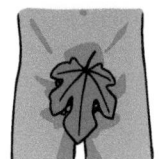

penis

penis

obrva

øjenbryn

kosa

hår

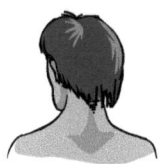

vrat

hals

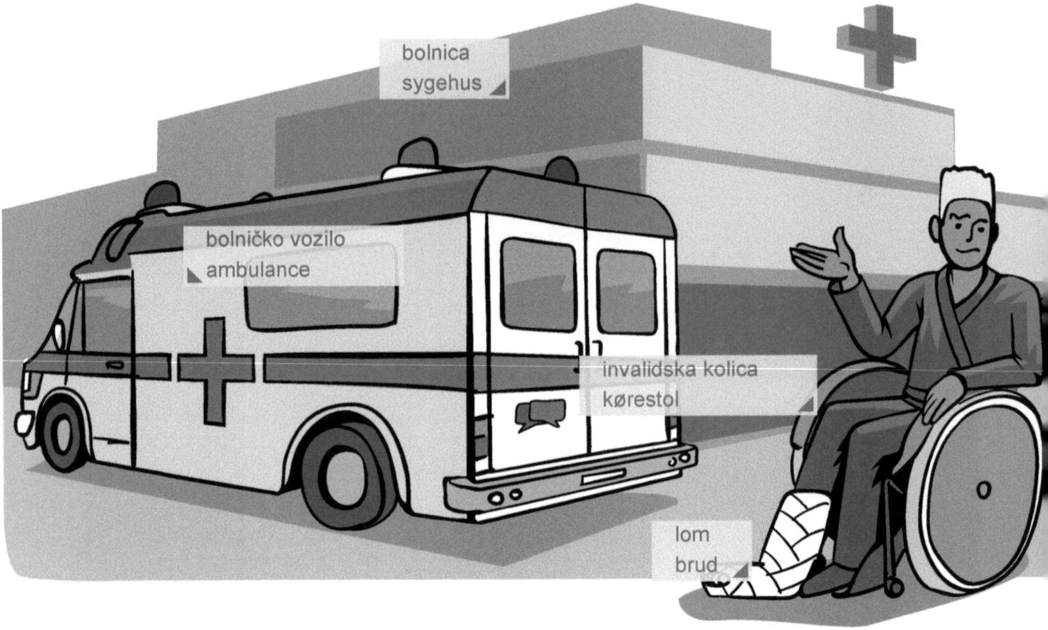

bolnica

sygehus

bolnica
sygehus
bolničko vozilo
ambulance
invalidska kolica
kørestol
lom
brud

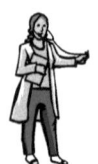

liječnik

lække

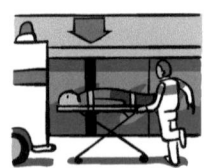

hitna medicinska služba

akutmodtagelse

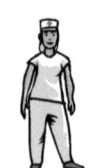

medicinska sestra

sygeplejerske

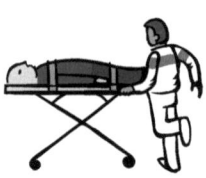

hitni slučaj

nødstilfælde

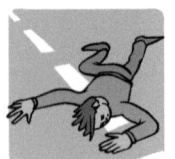

nesvijest

bevidstløs

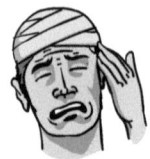

bol

smerte

ozljeda

skade

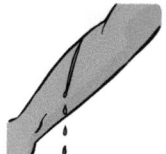

krvarenje

blødning

srćani infarkt

hjerteinfarkt

moždani udar

slagtilfælde

alergija

allergi

kašalj

hoste

groznica

feber

gripa

influenza

proljev

diarré

glavobolja

hovedpine

rak

kræft

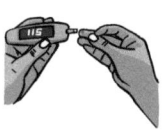

dijabetes

diabetes

kirurg

kirurg

skalpel

skalpel

operacija

operation

ct
CT

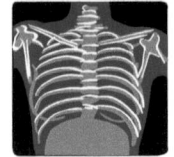

rentgen
røntgen

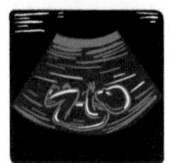

ultrazvuk
ultralyd

maska
maske

bolest
sygdom

čekaonica
venteværelse

štaka
krykke

flaster
plaster

zavoj
forbinding

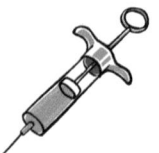

injekcija
injektion

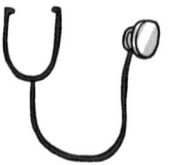

stetoskop
stetoskop

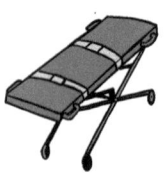

nosilo
båre

termometar
termometer

rođenje
fødsel

prekomjerna težina
overvægt

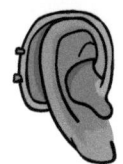

slušni aparat

høreapparat

sredstvo za dezinfekciju

desinficerende middel

infekcija

infektion

virus

virus

hiv / sida

HIV / AIDS

medicina

medicin

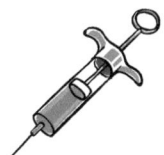

vakcinacija

vaccination

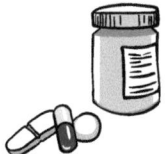

tablete

tabletter

pilula

pille

poziv u pomoć

nødopkald

uređaj za mjerenje tlaka

blodtryksmåler

bolesno / zdravo

syg / rask

pomoć!

Hjælp!

alarm

alarm

nasrtaj

overfald

napad

angreb

opasnost

fare

izlaz za nuždu

nødudgang

požar!

Det brænder!

vatrogasni aparat

ildslukker

nezgoda

uheld

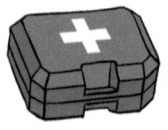

kofer prve pomoći

førstehjælps-kuffert

sos

SOS

policija

politi

Europa

Europa

sjeverna amerika

Nordamerika

južna amerika

Sydamerika

Afrika

Afrika

Azija

Asien

Australija

Australien

Atlantik

Atlanterhavet

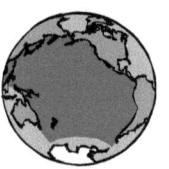

Pacifik

Stillehavet

ocean

Indiske Ocean

antarktički ocean

Sydlige Ishav

arktički ocean

Ishav

sjeverni pol

Nordpol

južni pol

Sydpol

Antarktik

Antarktis

zemlja

Jorden

zemlja

land

more

hav

otok

ø

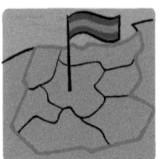

nacija

nation

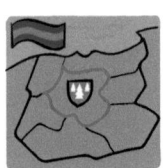

država

stat

brojčanik sata

urskive

satna kazaljka

timeviser

minutna kazaljka

minutviser

sekundna kazaljka

sekundviser

Koliko je sati?

Hvad er klokken?

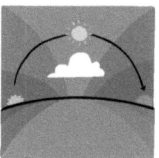

dan

dag

vrijeme

tid

sada

nu

digitalni sat

digitalur

minuta

minut

sat

time

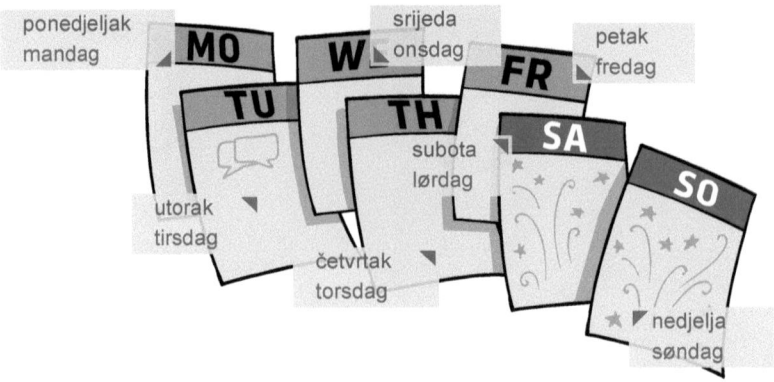

ponedjeljak
mandag

srijeda
onsdag

petak
fredag

utorak
tirsdag

subota
lørdag

četvrtak
torsdag

nedjelja
søndag

jučer

i går

danas

i dag

sutra

i morgen

jutro

morgen

podne

middag

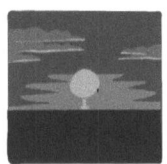

večer

aften

radni dani

arbejdsdage

vikend

weekend

godina
år

kiša
regn
duga
regnbue
vjetar
vind
snijeg
sne
proljeće
forår
jesen
efterår
ljeto
sommer
zima
vinter

4.APRIL 11°
5.APRIL 4°
6.APRIL 13°
7.APRIL 8°
8.APRIL 10°

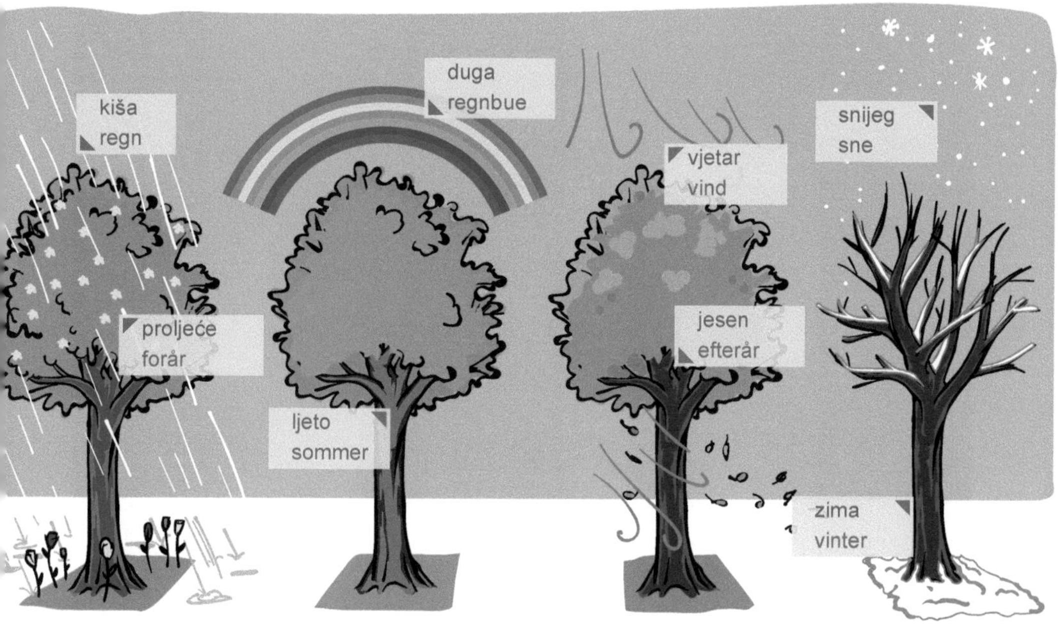

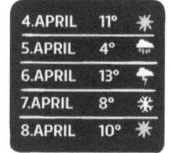

meteorološka prognoza
vejrudsigt

F
C
120
90
60
30
0
-30
40
30
20
10
0
-10
-20

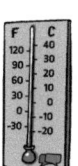

termometar
termometer

sunčana svjetlost
solskin

oblak
sky

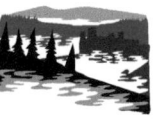

magla
tåge

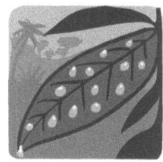

vlažnost zraka
luftfugtighed

munja
lyn

grmljavina
torden

oluja
storm

tuča
hagl

monsun
monsun

poplava
flod

led
is

siječanj
januar

veljača
februar

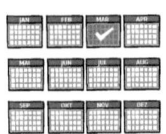

ožujak
marts

travanj
april

svibanj
maj

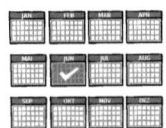

lipanj
juni

srpanj
juli

kolovoz
august

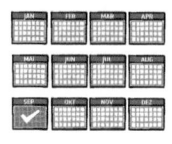

rujan
september

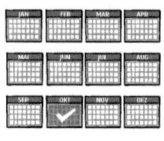

listopad
oktober

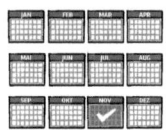

studeni
november

prosinac
december

krug
cirkel

kvadrat
kvadrat

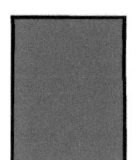

pravokutnik
firkant

trokut
trekant

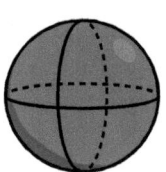

kugla
kugle

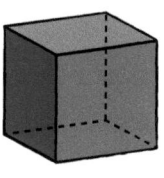

kocka
terning

boje
farver

bijela
....
hvid

žuta
....
gul

narančasta
....
orange

ružičasta
....
pink

crvena
....
rød

ljubičasta
....
lilla

plava
....
blå

zelena
....
grøn

smeđa
....
brun

siva
....
grå

crna
....
sort

mnogo / malo

meget / lidt

ljutito / mirno

rasende / fredelig

lijepo / ružno

smuk / grim

početak / kraj

begyndelse / slut

veliko / maleno

stor / lille

svijetlo / tamno

lys / mørk

brat / sestra

bror / søster

čisto / prljavo

ren / snavset

potpuno / nepotpuno

fuldkommen / ufuldkommen

dan / noć

dag / nat

mrtvo / živo

død / levende

široko / usko

bred / smal

jestivo / nejestivo

spiselig / uspiselig

zlo / dobro

vred / venlig

uzbuđeno / dosadno

ophidset / kedet

debelo / mršavo

tyk / tynd

na početku / na kraju

først / sidst

prijatelj / neprijatelj

ven / fjende

puno / prazno

fuld / tom

tvrdo / mekano

hård / blød

teško / lagano

tung / let

glad / žeđ

sult / tørst

bolesno / zdravo

syg / rask

ilegalno / legalno

illegal / legal

pametno / glupo

intelligent / dum

lijevo / desno

venstre / højre

blizu / daleko

nær / fjern

novo / rabljeno

ny / brugt

ništa / nešto

intet / noget

staro / mlado

gammel / ung

uključeno / isključeno

tændt / slukket

otvoreno / zatvoreno

åben / lukket

tiho / glasno

stille / højt

bogato / siromašno

rig / fattig

točno / pogrešno

rigtig / forkert

hrapavo / glatko

ru / glat

tužno / sretno

ked af det / lykkelig

kratko / dugo

kort / lang

polako / brzo

langsom / hurtig

mokro / suho

våd / tør

toplo / hladno

varm / kold

rat / mir

krig / fred

0

nula

nul

1

jedan

en

2

dva

to

3

tri

tre

4

četiri

fire

5

pet

fem

6

šest

seks

7

sedam

syv

8

osam

otte

9

devet

ni

10

deset

ti

11

jedanaest

elleve

12
dvanaest
tolv

13
trinaest
tretten

14
četrnaest
fjorten

15
petnaest
femten

16
šestnaest
seksten

17
sedamnaest
sytten

18
osamnaest
atten

19
devetnaest
nitten

20
dvadeset
tyve

100
stotinu
hundrede

1.000
tisuću
tusinde

1.000.000
milijun
million

engleski

engelsk

američko engleski

amerikansk engelsk

kinesko mandarinski

kinesisk mandarin

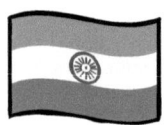

hindi

hindi

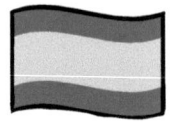

španjolski

spansk

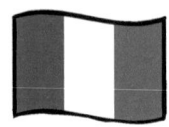

francuski

fransk

arapski

arabisk

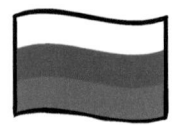

ruski

russisk

portugalski

portugisisk

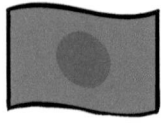

bengalski

bengalsk

njemački

tysk

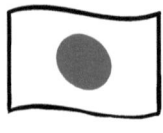

japanski

japansk

ja

jeg

ti

du

on / ona / ono

han / hun / den / det

mi

vi

vi

I

oni

de

tko?

hvem?

što?

hvad?

kako?

hvordan?

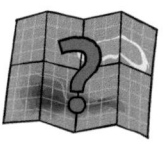

gdje?

hvor?

kada?

hvornår?

ime

navn

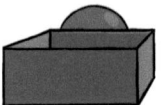

iza

bag

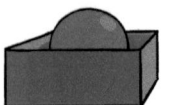

u

i

ispred

foran

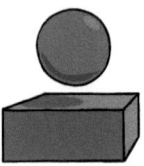

preko

over

na

på

ispod

under

pored

ved siden af

između

imellem

mjesto

sted